Tilman Rademacher

Alle Worte
dieser Welt

Lyrik

Tilman Rademacher, Jahrgang 1978, ist Schauspieler, Autor und Filmfuzzi. Er lebt in Münster.

Tilman Rademacher

Alle Worte
dieser Welt

Lyrik

Copyright © 2023 Tilman Rademacher, Münster
Abbildung Cover: Jorm Sangsorn / Adobe Stock
Herstellung und Verlag: BoD - Books on Demand,
Norderstedt
Taschenbuch: ISBN: 9783758302671

Herzschlag

Schlage, mein Herz
schlage für mich

Schlage vor Freude
aus Treue, aus Pflicht

Schlage, mein Herz
beständig und gut

Schlage dir selber zum Vorbild
aus Mut

Schlage, mein Herz
schlage für mich

gleich, was das Köpflein
so denket und spricht

Du, das du schlägst
auch wenn ich's nicht hör

ob ich versteh oder irre
helf oder stör

Wie's Schicksal auch zuschlägt
auch wüten mag

sturmerprobt schlägst du
Stunde um Stunde

zur Nacht hin
am Tag

Schon vor der Geburt
schlugst du für mich

Schlage, mein Herz
schlag auch für dich

Schlage, mein Herz
Alles ist gut

Durch dich strömt mein Leben
mein heiliges Blut

Schlag, weil du bist
schlag, dass ich sei

Schlage, mein Herz
unverzagt, furchtlos

tapfer und frei

Vermisstenanzeige

Ich kenne dich nicht
Ich vermisse dich

Wie großartig wäre das Leben
mit dir!

Lass uns zusammen alt werden
Die Fehler des Anderen feiern

Wir, zusammen: unschlagbar

Die Sonne schiene für uns
Die Blumen würden uns grüßen

Doch ich lebe ohne dich
Ich vermisse dich

Doch bist das nicht du?

Dort, auf der anderen Straßenseite?
Hier, neben mir auf der Parkbank?

Hältst du mir nicht die Tür auf?
Lächle ich dich nicht an?

Wie großartig ist das Leben
mit dir!

Brich mir mein Herz

Brich mir mein Herz
denn dafür ist es da

Tu mir weh!

Komm, sieh mir in
mein Auge: tiefer See

Ein neuer Frühling, neues Jahr
vergangen auch der nächste Schnee

Hör nur, wie es bricht!
Es tut so schön so weh:

Dein Tritt in meine Brust
dein Schlag in mein Gesicht

Das Brechen meines Herzens
wird mir zum Auftakt neuer Sinfonie

Vergifte auch mein Blut

ich selber trink davon
es schmeckt so gut wie nie

Brich mir mein Herz
und sieh, was innen ist:

Nur ich und du

Es gibt kein and'res Himmelreich
als dich und deine Haut

Es gibt nur dich, unendlich weich
du, Freundin, bringst den Tod, vertraut

Brich mir mein Herz
und sieh als Strafe zu

Rette mich

Als alle sagten: Er ist es nicht wert
hast du ihnen widersprochen

Ich aber habe alles dafür getan
dass sie Recht behielten

Und jetzt stehe ich hier
mit meinem dummen, anmaßenden Ego

und frage dich:
Rettest du mich noch einmal?

Legst du noch einmal ein Wort für mich ein?
Nur noch dieses eine Mal

und das Mal danach?

Bejahung

Die Sterne sind nicht unendlich
ich habe sie gezählt

Nur als es hieß du oder ich
da hab ich mich verwählt

Du und ich. Wir war'n kein wir
Mein Leben gegen deines

Mein Leben nur für mich. Wofür?
Ich wählte alle Leben. Also: keines

Was einmal war, wird nie mehr sein
Die Freiheit steht auf einem Bein

Verzeih, dass ich dich nicht erwählte
an deiner statt die Sterne zählte

Träfen wir noch einmal aufeinander
wär'n wir noch einmal unbekannt

Das Leben hielt die Tür uns auf
Das Licht der Welt, es ginge an

Frieden wäre, leicht mein Gang
und ich vernähme deines Herzens

unerhörten, sanften Klang

Und säh mich deiner Seele Schönheit
wie am ersten Tage an

Ich spräche JA
in dein Gesicht

Und alle Zweifel, alle Sterne
alles andre zählte nicht

Was niemals war, wird immer sein
Auf ewig möchte ich dich freien!

Doch leise sprech ich nur für mich
die Worte dir nur hinterdrein

Du, schönstes Gegenteil
von Nein

Ich vor dir

Am Ende zerklüfteter Nacht
schwelender Unrat

unter meinen Sohlen
regenschirmruiniert

Den Gaul unterwegs
am verdorrten Lorbeer
zurückgelassen

Gepeitscht von der
Scharfkantigkeit der Sünde

Die bis zur Unkenntlichkeit
verblichene Maske tragend

Eingebrannter Schwur
auf der Stirn

Dem steinigen, abseitigen Pfad
gefolgt bis zuletzt

Das Banner der Verheißung
in den Leib der Erde gerammt

So stehe ich
über und über

von der Unzumutbarkeit
der Schönheit besudelt

aufgelesene Widrigkeiten
aus löchrigen Taschen

den Nachfolgenden
auf den Weg sickernd

entwurzelt vor dir

mit neuem Trieb
in der Hand

und als ich die heiligen Worte spreche
fällt auch der letzte Rest meiner Selbst

dir zu Füßen

Das Herz eines Löwen

Zu lange in Diaspora

Was furchtlos einst
und mutig war

liegt jeder Stärke, Hoffnung bar
brach nun in Diaspora

Komm mir, Sanftmut, nicht zu nah!
Deine Nähe heißt Gefahr

Hör mein Gebrüll!
Ich! Höchstes Tier!

Ersterbend, kleinlaut
hier vor dir

Komm näher mir
auf samt'ner Pfote

Schreite in den Bannkreis ein
übertritt von mir erlassene Gebote

Sei Oase mir und neues Land
web mir aus deiner Treue

ein hoheitliches, neues
ein dauerndes Gewand

Berühre mich mit neuem Sinn
Sieh, dir halt ich meine Kehle hin

Brauche kein Reich
nur einen Hain

Wo mein Herz kann nahe
deinem sanften Herzschlag sein

Deine Nähe macht mich ganz
macht zum König mich erneut

flicht mir, König
neuen Kranz

Nur so

Du, ja, dich lieb ich nur so!
Grundlos, doch mit Risiko

Du, das Zündholz
Ich, das Stroh

Ach, nur so?

Nur so wie du mich
Nur so lieb ich dich

Nur so kann ich dich lieben
Nur ich kann dich so lieben

Wie, *so* nur und nicht anders?
Ach, ich lieb dich so wie so

Wie kann ich dich nur lieben?

Ach, nur so
Ach, einfach so

angekommen / wir beide, alt

angelehnt an ein reiches Leben
das eine alte Parkbank ist

in die Verliebte, Besoffene
und lustige Vögel ihre Zeichen ritzten

sitzen wir

zusammengezählt sind wir alt
subtrahiert sind wir jung

jünger als die Welt

gemeinsam wollen wir
unsere Füße untersuchen

den Schmutz abschälen
unser Fleisch betrachten

und staunen und lachen
wie all dies möglich war

und wir erinnern uns der Worte
die der eine dem anderen zuflüsterte:

„Los geht's!"

II

Zettel am Kühlschrank

Ich bin weg
und komm nie wieder

Grüß die Tante!
Und sing Lieder!

Im Kühlschrank ist noch etwas Wein
Gib dir zwischendurch die Kante

Gieß die Pflanzen
füttere den Hund

Warum ich geh?

Du findest schon
noch einen Grund

Ceci n'est pas une pipe
(nach „Der Verrat der Bilder" von René Magritte)

Dies ist kein Wort
Dies ist eine Pfeife

Du liest nicht
du rauchst Gedanken

Dies sind Tabakkrümel
und keine Buchstaben

Dies ist eine Pfeife
Du Pfeife

Das abgenutzte Wort

ist mir das liebste

Oft wurd es angenagt
zerkaut und ausgespien

gestotterröchelt, ausgehaucht
entliehn

und immer fast
jedoch nur fast verbraucht

Du kannst es verzerren, beschmutzen
zerdichten, verbiegen

Dem Unkraut ist es gleich
heilig, hässlich, ärgerlich

und ganz gewiss
nicht tot zu kriegen

Das Gedicht auf der Lichtung

Ein Gedicht muss auf einer Lichtung stehn

Denn im Dschungel würd es zugetextet
und umwortet untergehn

So steht es stolz auf seiner Position

Seht her!, sagt es. Wie schön ich bin!
Zart, vergänglich wie ein Hauch!

Doch was heißt das schon?

Ein Gänseblümchen von der Wiese
tut es auch

Herbst im Frühling

Ein Herbstblatt im Frühling
das segelt leicht dahin

Es führt nicht viel im Schilde
es hat nicht viel im Sinn

Ein Herbstblatt im Frühling
dir aus dem Blickfeld flieht

verheißt für den nur Glück
der es als Glück ansieht

Mach das Licht an

Mach das Licht an
um endlich die Schönheit des Tages
sehen zu können

Mach das Licht aus
um die Schrecken des Tages
nicht länger sehen zu müssen

Mach das Licht an
damit die Schrecken der Nacht
fliehen können in die hintersten
Winkel der Schatten

Mach das Licht aus
damit die Schönheit des Tages
sich von der Gier deiner Blicke
erholen kann

Mach das Licht an
damit die Nacht sich trauen kann
zu dunkeln

Leg mir einen Stein

Leg
mir einen Stein
in den Weg

dass ich mich daran
stoßen kann

dass ich weiß, ich bin nicht frei

Damit ich weiß, was Freiheit sei
leg mir eine frisch entwurzelt lose

leg auf meinen Stein
mir eine Rose

Das asketische Gedicht

kommt *ohne* aus
braucht kein *mit*
und auch kein *viel*
schon gar nicht *mehr*
ist so schon *sehr*

Wenig sei uns hier genug
Doch was wär *noch* weniger?
Wär das klug?
Das wär schon Gier!
Also endet's genau

hier

Fallobst

liegt so schön

Achtsamkeit

Das Geräusch dieser Seite
wenn du sie umblätterst

Mach es noch mal

Leg ein Ohr auf diese Seite

So leise ist das Wort
Du hörst es nicht

Die Seite hat's verinnerlicht

Das Wort steht hier
ganz leis und spricht

Und du hörst es, nicht?

Seelenpflanze

Blühe, kleine Seelenpflanze
treibe aus und reiche weit

Niemals darfst du ganz verzagen
Niemals, selbst in diesen Tagen

Heilung folgt auf jedes Leid

Das letzte Abendmahl

ist aufgegessen und verputzt
ein Kellner räumt die Teller ab

Die Teller sind noch leicht verschmutzt

Sind noch Reste da?
Die Hunde lechzen schon

Der Tellerwäscher summt ein Lied
und trifft wie üblich nicht den Ton

Der junge Mann und das Meer

Ein junger Mann wollt was erleben
ist aufs Meer hinausgefahren

Ach, dort lauerten Gefahren!
Und das war's dann eben

Der zuletzt Gekommene vom letzten Planeten

Wer mag beten
für den zuletzt Gekommenen
vom letzten Planeten?

Wer nimmt die Hand
von dem, der alles suchte
und nichts fand?

Wer küsst ihm die müde Stirn
wenn hinter ihm das Chaos tobt

und irre Welten
dunkel sich verliern?

„Es ist ein Weinen in der Welt, als ob der liebe Gott
gestorben wär ..."
Else Lasker-Schüler, Weltende

Hui!

Es ist ein Staunen in der Welt
als ob der liebe Gott geboren sei

Komm, wir wollen uns leicht küssen
als gäb es niemals Herbst, nur Mai

Konfetti in die Lüfte!
Sprengt die Särge und die Grüfte!

Und alle Welt ist frei

„Von guten Mächten ..."
Dietrich Bonhoeffer, Von guten Mächten still und treu
umgeben

dem Tod geweiht

dem Tod geweiht
dem Leben ausgeliefert

erwarten wir erbost
was kommen mag

zur Nacht hin
wünscht man sich ein Küsschen

zur Mittagszeit
nur *Guten Tag*

Randfigur

Wo stehst du nur?
Wie ist deine Sicht von da?

Wie kamst du, wo du hingekommen bist?
Kamst du von der Mitte her?

Was ist jenseitig vom Rande?

Randfigur, du bist so stumm
Randfigur, ich seh doch deine Spur

Sie führt zurück

Randfigur, dich zwingt das Glück

Des Dichters Ferse

Immer einen Schritt voraus
sind mir meine Verse

So dicht ich mir auch
auf den Fersen bin

die Verse sind schon da
und ich trotteliger Narr

schreib sie nur noch hin

Sinn

Er nschlte rgndws von Bdeutng

Höchste Erkenntnis

Im Hinterhof, im Hinterhof
ging auf und ab der Philosoph

Der Philosoph, der dachte viel
darüber nach, was deutlich stand

dort an der Wand
die eine Stroph:

„Wer das liest, ist doof."

P. S.

Und ein Steinchen immerzu
wünsch ich dir in deinem Schuh

III

„Ich gehe mich einen Scheiß an."
Marlene Dietrich zugeschrieben

Es führt kein Weg zu mir
(überlanges Lamento)

Aus meiner Mitte ragen heraus
Arme, Hände, Kopf und Fuß

heraus, heraus zu dir
Ich gebe unsichtbare Zeichen

Doch Dach und Wand und Fenster, Tür
bilden noch kein Haus

Die Hinweistafeln sind verdreht
Wegweiser gehn ins Leere

Unleserlich die Schrift und niemand
der mein Alphabet versteht

Und buchstabiert bin ich:
Misere

Gebleicht: das Tintenblau des Ozeans
Gedrucktes Schwarz der Nacht: entfärbt

Und hinter meinen Ohren spieln kindesgleich
die vielen Stimmen meines Wahns

Die Zukunft ist enterbt

Die Kerze in meiner inn'ren Kapelle
hat lang den Raum nicht mehr erhellt

Und an den Klippen meiner Brust
ist jedes Herz bislang zerschellt

Wie ein Kind, nicht klar bei Sinnen
ruf ich aus meinem Brunnen innen

Ich gebe wilde Zeichen
Die Wogen schlagen hoch in mir!

Meine Hand sehnt sich
nach dir, nach dir!

Ich kann dich nicht erreichen

Ich hab mich auf dem Weg zu dir
in mir, in mir verlaufen

und meine Seele dürstet stark
und droht doch zu ersaufen

Wie ein Lotse steh ich ohne Arme
Und du fliegst über mich hinweg

Ich seh dir nach
steh auf verlor'nem Posten

Du bist der Süden, mild und reich
Ich bin der kalte Osten

Dies ist ein Notsignal

gesendet, da ich wandere
in mir, im finstern Tal

Nicht Brotkrumen, nicht Steinchen
führ'n mich aus Nacht und Wald

Die Spur zu mir verliert sich
und in mir wird es kalt

Ich steh vor meiner Kammer
behüte das, was innen

Sie singen Lieder von der Liebe
für mich ist es Gejammer

Und alle Weisheit dieser Welt
ist nur ein dummer Schwatz

Noch stehe ich
bewache streng mein leeres Grab

Ich, Gollum ohne Schatzzz

Die Tür zu mir ist zu
Ich hab mich ausgesperrt

Ich bin ein Gaul, der reglos steht
auf einer großen Weide

an dem das Leben sinnlos zerrt
Die Sehnsucht geht zur Neige

In meiner Kammer stehn
nur wenige, unnütze Dinge

Wo bleiben Abrissbirne
Meißel, Hammer?!

Sie singen Lieder von der Liebe ...

Schluss mit dem Gesinge!
Reißt sie ab die Kammer!

Holt Sprengstoff, Bagger, Walze!
Ebnet den Hohlraum ein!

Erinnern soll an mich kein Grab
erinnern soll kein Stein

Du sollst, so das Gebot, planieren!
Asphaltieren! Betonieren!

Vielleicht geh ich als Wanderer
einst über mich flanieren

Busse voller Herzen
rolln über mich hinweg

Die Herzen sehen tot hinaus
aus trüben, trüben Fenstern

Ich winke ihnen zu und nach
gleich flüchtigen Gespenstern

Ich rag wie mein eigenes Gleichnis
hinein in deine Höh

und meine schönsten Worte
sind letztlich Logorrhö

Die Apathie ist triumphal
In Ewigkeit Beton total

Sag, fehl ich dir?
Ach, wär ich schmutziges Geschirr!

Du nähmst behutsam mich
in deine Hand

Und ich säh hin zu dir ganz still
über den Tellerrand

Mein Allerheiligstes
ist Bretterbude nur, Verschlag

Ich stehe dicht vor dir, ich SCHREIE
Still neigt sich mir der schöne Tag

Ich stimm mit ein in das Gejammer
Es ist ein Lied von Liebe

Und was, wenn es dich gar nicht gäb
und ich dich nur hier schriebe?

Noch hör ich deine Schritte

Der Klang hallt durch mein leeres Grab
wie gnadenlose Tritte

Unaufhörlich lamentiere ich

Ich weiß jetzt, was ich bin
Ein Kreuz

nur ohne Mitte

Der Tag, an dem er ihre Hand nahm

An dem Tag, an dem er ihre Hand nahm
verfehlte ein tödliches Geschoss sein Ziel

Und ein Mann, gemartert hart
sanft in alle Himmel fiel

Im Paradies brach Kinderlachen aus
Angestoßen wurde „Auf das Leben!"

Richtfest war in Gottes Haus
Und in der Hölle ging das Feuer aus

An dem Tag, an dem er ihre Hand nahm

löste sich Banksys Ballon
von der Mauer und flog

(wohin genau ist nicht bekannt)
ganz weit und weiter noch davon

An diesem Tag

legte einer, der andren eine Grube grub
(ein Friedhofsgärtner) seine Schaufel beiseite

und hielt ein Nickerchen in Mutter Erde

Und ein Mann mit rotem Kopf vergaß
von jetzt auf gleich seine Beschwerde

Alles, was wichtig war, wurde Lappalie

Ein Wissenschaftler erkannte
dass der Urstoff der Welt

der sie behütet und sie erhält
Gnade ist und keine Chemikalie

Die Weltformel: nur Teil eines Einkaufzettels
einer Haushälterin

Und was steht drauf?

Gold und Weihrauch, Myrrhe
und natürlich Schokolade!

Denn ohne die macht gar nichts Sinn

Sprache wurde Gesang
Ein Komponist fand seine Melodie

All dies trat ein, als er ihre Hand nahm
Und sie nahm seine

Und die Sonne schien
als schiene sie für alle

Und schien doch nur
für sie und ihn

Mama, o

Mama, o Mama
was hab ich getan?

Ich tötete Männer
wie sie es befahln

Mama, o Mama
was hab ich gesehn?

Der Himmel aus Feuer
aus Blut all die Seen

Mama, o Mama
die Welt liegt in Wehen

Meine Augen, o Mama
ich stach sie mir aus

Doch aus mir da gehen
die Bilder nicht raus

Vergiftet für immer
gemartert mein Geist

Verflucht, o Mama
auf ewig du seist!

Ich hoffe, kein Gott sah
was ich getan

Ich tö-te-te, tö-te-te
Mann für Mann

Dein Sohn, o Mama
Maschine im Wahn

Mama, o Mama
wo ist nur dein Schoß?

Hinaus ins Leben!
Ein einziger Stoß

Mama, o Mama
warum warntest du nicht

mich vor mir selber?
Das Ende in Sicht

Ich weine, ich schreie
o Mama, nach dir

Bin Schrei nur, o Mama
Oh, Schrei bin ich schier

Mama, o Mama
was hab ich getan?

Mir fehlt deine Güte
dein Herz, dein Gesang

Mama, o Mama
was soll ich nur tun?

Hier stehe ich nackt
in blutigen Schuhn

Mama, o Mama
was soll ich nur machen?

Um wieder zu lachen
möcht ewig nur ruhn

Ich richte mich selbst
o Mama, verzeih

Im Anfang das Ende
Jetzt ist es vorbei

Sitz der Seele

Seele, Seele
sag mein Kind

Sag mir, wo die Worte sind
die dein Heim beschreiben

Will dich nicht enteignen
will dich nicht vertreiben

Seele, Seelchen
will dir nichts

Will nur Tinte tunken
von dir schwärmen

Will mein flüchtig Dasein mir
und die Füße wärmen

Seele, Seele, wahrlich sprich
Wo du bist? Was weiß denn ich?

Seele, Seelchen
sprich's nicht aus!

Will dir nur ein Kärtchen schreiben
und dir schicken nach Zuhaus

Seele, Seele, 's wär zu schad
Sprächest du, so wär's Verrat

So nur kannst du Seele bleiben
und ich schwärmen, tunken, schreiben

Bleib nur immerdar Geheimnis
gerne bleib ich ungewiss

Lass dich nicht verorten, tracken
einzig sollst du immerdar

Neugier auf dein Nest
erwecken

Verwisch die Spur!

Lass Fährtensucher, Philosophen
scheitern an Gedanken, Strophen

Lass sie sich die Bärte raufen
bring die Kompassnadel zum Rotieren

Lass sie alle sich verlaufen!

Und an deiner Schönheit sich
laben und darin ersaufen

Seele, Seele
bleib versteckt

Bleibe unter dem Radar
bleib nur immer unentdeckt

Narre all die Weisen!

Lass jeden Zug mit dir als Ziel
furios entgleisen

Seele, Seele
sag mein Kind

Sag mir, wo die Worte sind
die dein Heim beschreiben

damit ich mich selber find
und in mir darf bleiben

Der Tastenläufer

Ein Mann sitzt reglos am Klavier
Stillleben jetzt

was gerade eben noch
über Tasten hergehetzt

Mit Verstand nicht zu begreifen
wie er sich die Töne pflückte

schied die grünen
von den reifen

Auftakt. Aufschrei!
Teufelspakt

Noten stürzen ins Gehör!
Tastenanschlag! Kamikaze!

Dunkle Tasten werden hell
Weiße Tasten werden schwarze

Noten hier: in höchster Not!

Alle Fugen aus den Fugen
alle Welt längst aus dem Lot

Dur und Moll:
rein nichts mehr gilt

Das Klavier, jetzt Feuerholz
im Funkenflug vor Furor brüllt!

Aufgescheucht wie Vogelschwärme

fliegen Noten und der Impresario
greift in Tasten und Gedärme

Tempo! Tempi! Vorwärts nur!
Metronome aus dem Takt

Zeiger drehen hilflos durch
Ziffern fallen aus der Uhr

Aller Zweifel von uns ab
Wo steht seine Partitur?

Hundert Hände voller Gier!

Wo ist Gott, wenn man ihn braucht!?
Doch Gott hockt kleinlaut im Klavier

Das Gehör kommt kaum noch nach
Alle Sinne liegen brach

Und der Finger ist Florett
sinnlos Ton, Kadenz, Sonett

Wie ein schwer verletzter Stier
rast das Instrument

das nicht mehr Ross
noch Reiter kennt

Seht! Das Auditorium
kentert, kommt im Spielfluss um

Klimperello wird Torero
Ahab reitet Moby Dick!

Dschungel, Wildwuchs, tausend Arten
holen sich die Welt zurück!

Opfergabe Hörorgan!

Kein Gesetz mehr, keine Grenzen
Nur noch Freiheit, nur noch Klang!

Und es wütet Klimperello
wie ein Wilder im Orkan

Und da steht und da sitzt:
Ein Klavier nur und ein Mann

Doch nun: Stille, orchestral
setzt den Ohren zu

Und alles ist verändert
Und ganz besonders: du

Was bleibt nach einem solchen Tanz?
Nur du und ich. Nur Resonanz

So ist es denn gelungen:

Der Ton ist in der Welt
und aller Lärm verklungen

Der Notenbogen ist gespannt

Und wir sind selber Noten
darauf in Ewigkeit gebannt

Sind in uns solche Töne?
Sind wir von solcher Eleganz?

Er klappt den Deckel zu
und endlich sind wir

ganz

Sachen machen

Sachen machen, Dinge tun
und am achten Tage ruhn

Blöde blöken
eine schmöken

Am Kühlregal im Supermarkt
eine blöde Kuh anmuhn

Dinge tun, mit hundert Sachen
gegen Gummibäume krachen

Teile teilen und zuweilen
sich an Nachbars Frau aufgeilen

Menscheln, nörgeln, frömmeln, ficken
und bei Missgefallen nicken

Aufstehn, hinfalln, liegenbleiben
von sich selber Text abschreiben

Palavern, um zu labern nur
von nix zu wissen nicht die Spur

Zähne in den Asphalt hauen
noch des Himmels Blau schnell klauen

Zuschauern beim Zuschauen zuschauen
und am Ohr vom Opa kauen

Unschuld nehmen, Schuld vergeben
bevor man stirbt, ein wenig leben

Harmlos sein, gefährlich tun
Und was nun?

Taten tun, aus Notwehr handeln
Des Nachbarn Garten hübsch verschandeln

Jubeln, buhen, schwurbeln, kurbeln
und mit Gift und Galle gurgeln

Einen austun
zwei bekommen

Wer nicht geht, der ist vielleicht
längst bei sich schon angekommen

Nur so tun, als ob, als wie
ruhig bleiben bei Manie

Gesundheit fördern, ruinieren
alte Nonnen deflorieren

Aus dem Arsch hell sonnig strahlen
Schlange stehn vor leer'n Regalen

Juchz und jauchz im Jammertal
alles kann und darf dich mal

Jubelnd in die Geisterbahn
und entgeistert rausgefahr'n

Werden und gewesen sein
ja heißt ja und ja nicht nein

Aus den Fingern Lyrik lutschen
sich hellwach mit Benzos putschen

Nachts in fremde Gärten scheißen
lachend sich nach China schmeißen

Von Betroffenheit besoffen
auf ein gutes Ende hoffen

Und nach all dem Rumgemache, Rumgetue
vor der Flaute etwas Ruhe

Wollen, möchten, bitte, bitte
jeder liebt ne schöne Titte

Sich ans Ungewöhnliche gewöhnen
Bei Schmerz verstummen anstatt stöhnen

Mit Genuss an Strophen scheitern!
Einzig Unglück kann erheitern

Dummes dämlich deklamieren
Kleine Welpen adoptieren

Unpassend und grundlos grunzen
Stille im Konzert verhunzen

Gegen Gegenstände lehnen
Worte nicht so wörtlich nehmen

Fragen stellen, Antwort kriegen
Sinn zu Unsinn leicht verbiegen

Und was dann?
Machen, was man machen kann

Schaffen, was man immer wollte
nicht das tun, was man doch sollte

Besser tun, was besser geht
später ist's bestimmt zu spät

Es mit Nachbars Tochter treiben
und nur schreiben um zu schreiben

Welpen in die Mikrowelle
Endlich Schluss mit dem Gebelle!

Auf Kinder lauern, sie erschrecken
nichts bedauern, Schore strecken

Zum Gebet die Fäuste ballen
Nachbars Tochter schnell noch knallen

Laute stammeln, leise rammeln
sich mit sich allein versammeln

Sich ins Höschen lachen, weil man muss
Ende! Aus jetzt mit dem Stuss!

Nach dem Ende weitermachen
Lass ihn fliegen, deinen Drachen!

Schwöre, schwöre, nie zu schwören!
Höre nie auf aufzuhören

Frag nicht!

Kann ein Buch sich selber lesen?
Braucht ein Kontrabass wirklich immer drei Chinesen?

Warum geht der Mund beim Öffnen
meistens auf und nicht mal zu?

Und wieso nennst du mich du?

Weißt du, wie viel Sternlein stehen
an dem blauen Himmelszelt?

Warum hängt der Heiland noch am Kreuz
an so manchem Ort der Welt?

Warum bist du mir so nah
auch wenn du gegangen bist?

Wie lang währt die letzte Frist?
Wieso steht hier dieser Mist?

Warum hebt ein Hund sein Bein?
Warum bin ich auf ewig dein?

Wo sind die all die Blumen hin?
Reicht der Hals nur bis zum Kinn?

Warum wird ein heller Kopf dement?

Warum ist, ach, wunderschön
noch mein letztes Exkrement?

Sapperlot! Warum ist der Morgen rot?

Warum schlägt ein Purzel Bäume?
Sind Gedanken vielleicht Träume?

Ist am Ende wirklich Schluss?

Und warum schmeck ich noch immer
diesen einen deinen Kuss?

Warum bin ich so wild nach deinem Mund?
Warum steht hier ein Komma und nicht *und*?

Warum trinkt man Tee, aber kein Zett?
Ist ein Arschloch auch mal nett?

Warum bin ich so schön, du aber nicht?
Wieso ist die Nase statt am Rücken im Gesicht?

Warum fragen wir uns Fragen?

Warum steh ich hier und frage dich:
Sollen wir ein Tänzchen wagen?

Warum spricht ein Narr oft wahr?

Frag, so viel du fragen musst
solang du keine Antwort willst

Sage Ja zum Leben! JA! JA! JA!

Ob das Leben schon begonnen hat?
Die Antwort steht auf einem andren Blatt

Ach, das dachtest du dir schon?
Na klar!

Die Schwilbe

Eine Schwalbe macht noch keinen Sommer
Eine Silbe keinen Reim

Ein kleines Licht noch keinen Donner
Und ein Dach allein kein Heim

Ein Elefant würd gerne geigen
doch er stampft und er trompetet

Ein Sprinter überholt sich selbst
kommt ins Ziel, nur leicht verspätet

Ein Tellerwäscher wäscht sich reich
Ein Gespenst erschrickt vor sich, wird bleich

Ein Königreich für nur ein Wort
bietet ein verzweifelter Poet

der kein Wort, schon gar nicht seins
mehr begreift oder versteht

Ein verträumter Mann am Fenster
ziellos in der Nase bohrt

Ein Poet schreit wie von Sinnen an
ein armes, kleines Unschuldswort

Ein Baby, frühreif, sich schon windelt

Und Münchhausen muss sich setzen
weil ihm vor der Wahrheit schwindelt

Ein braver Bub wird Attentäter
schießt daneben

Zeit ist ganz gewiss noch später
So wie jetzt, gerade eben

Alles gut? Ha! Na, von wegen!
Du, mein Kind, bist morgen alt

Einsam ist trotz lauter Bäume
ein an Bäumen reicher Wald

Das Leben kommt heut leicht verspätet
Später bin ich's vielleicht leid

Lass uns treffen
Selber Ort und selbe Zeit

Stell schon mal den Kaffee kalt
Ich bin hier und steh bereit

Die Welt ist die Welt

Ein kleiner Splitter vom Baum der Erkenntnis
steckt in meinem Fleisch, entzündet sich

Und jäh seh ich die Welt, wie sie ist
Doch schlimmer noch: Die Welt sieht mich!

Die Welt ist die Welt. Ein Kind ist kein Wunder
Ein Kind ist gebärbar, ein Kind ist erklärbar

Geschmack ist gustatorisch
Ein Bärtchenmännlein diktatorisch

Erklär mir das neue, unerklärbare Wunder!
Über Wurzeln stolpert ein Sternenkundler

Ein Satellit empfängt Signale
von einem Reich nicht von dieser Welt

Einem alten Hasen ein junger Jäger
vom Hochsitz vor die Füße fällt

Die Welt ist die Welt. Das Herz nur Organ
Gesagt ist gesagt. Gemacht nicht getan

Etwas mit Hand und Fuß
sagt man, ergebe Sinn

Die Masse Mensch sitzt im Café
Tee: Nur Wasser mit was drin

Das Maß ist der Mensch
Der Mensch ist maßlos

Eine Primel famos

Worte sind Zeichen
Kinder künftige Leichen

Physikalische Schönheit zeigt sich im Tanz
Menschen. Körper. Resonanz

Nichts, rein gar nichts
reimt sich auf: Mensch

Vielleicht nur dies:

Ein alter Gringo
döst vor sich hin

auf verblichenem Bild
auf vergessener Ranch

Schönheit ist nur ästhetischer Wert
Wahrheit ist Lüge, wenn auch verzerrt

Mensch und Tumor bilden sich
Zellen gehen entzwei

Für einen Stall braucht man 'ne Henne
Für Trost braucht es nur ei-ei-ei

Erklär mir das Wunder
Das Wunder zerbricht

Erklär mir die Welt!
Die Welt ist die Welt

Was die Welt aber ist
erklärt man uns nicht

Worte sind Teil von Semantik
Küsse: oraler Kontakt

Blumen? Botanik!
Soldaten im Takt

Das Schicksal ist ein Taschenspielertrick
einfach und simpel

Eine Primel ist eine Primel ist keine Rose
Gerümpel: Gerümpel

Musik: Schallereignis, Sinneseindruck
Gedanken sind des Geistes Schmuck

Geburt ist Vorgang
Sterben auch

Halt die Welt, die Luft an!
Tauch!

Atmen ist Notwendigkeit
Romantik? Mach die Beine breit!

Zauber, Magie – abgeschafft
Alles erklärt uns die Wissenschaft

Kunst und Krempel und Kultur:

Mäuler gehen gähnend auf
Augen schielen nach der Uhr

Gott sei Dank für Evolution
Mutation, Photosynthese!

Wohin führt uns die Genese?

Definiere Definition!
Jeder Vater war mal Sohn

Wasserstoff, Sauerstoff, Kohlenstoff
Der Mensch lässt sich zerlegen

Gott befiehlt stumm aus dem Off
und erteilt nur ungern Segen

Der Mensch, der homo sapiens
nennt sich Heiko, Nina, Gertrud, Jens

Sag mir, wo die Blumen sind
Sag mir, woher kommst du Kind?

Kommst so spät, kamst, als ich ging
Hab ne Nachricht noch für dich:

Was das mit der Welt denn soll

Alles findst du aufgeschrieben
Alles steht im Protokoll

Lass, mein Kind, dir nichts erzählen
Alles wird sich neu vermählen

Jetzt und hier: Nichts steht
wirklich auf Papier

Reiß heraus die Seite nur!
Bastle draus flink einen Flieger

Gute Reise, Wahrheit, Welt!

Sieh, wie sie emporsteigt, fliegt
Wie sie stürzt, herniederfällt

Alter Mann

Alter Mann, was hast du gesehen?
Was lässt dich noch stehen?

Wie oft gefallen?
Wie oft gebrochen?

Wie viele Worte?
Gedacht nur und nicht ausgesprochen

Wie viele Schritte?
Wie viele Tritte?

Wie oft gewichen?
Wie oft getreten?

Wie oft verneint?
Und wie oft gebeten?

Wie oft dem Tod, dem Glück entgangen?
Was nur geträumt, was wirklich erlebt?

Wie oft Wäsche aufgehängt
und Gedanken nachgehangen?

Wie oft gerungen? Wie wenig gelungen!
Und, weiß Gott, zu selten gesungen!

Welcher Götze, welcher Gott?

Das Leben! Die Blumen!
Der Konsum und der Schrott!

Wie oft gewaschen? Wie oft geputzt?
Und was hat's genutzt?

Wie oft aus- und eingepackt?
Und unterm Hemde: immer nur nackt

Was nicht bedacht?
Wie selten gelacht!

Welche Chance ergriffen
und welche vertan?

Wie oft geschimpft auf Bus und Bahn!

Wie oft begehrt deines Nächsten Weib?
Wie oft gelangweilt zum Zeitvertreib?

Wie oft gegeben?
Wofür was genommen?

Maßvoll, bescheiden?
Oder fett, übernommen?

Wie oft böse?!
Doch manchmal auch gut!

Wie oft fehlte das Geld!
Doch öfter noch: Mut

Was alles vergessen?
Regenschirm, Gedanken

Wichtiges, Nichtiges
Ach, is ja schon gut

So viele verloren, die mit dir gingen
Freunde, Verwandtschaft

und einzig Scheitern
wollte gelingen

So gehst du nur noch allein mit dir

Die Erfahrung trägst du innerlich
gleich kostbarem Geschirr

Welche Gnade, welcher Grund
trieb dich übers Erdenrund?

Und noch immer streunst du, Hund
Wie oft gefragt, beleidigt?

Was war verpönt?

Und das Ergebnis am Ende:
Doch nur geschönt?

Hochgelobt, noch höher betagt
Was wann warum und dann doch nicht gewagt?!

Bald fordert das Leben den letzten Tribut
Unter dem aschfahlen Grau ein Rest noch von Glut

Wage ein Tänzchen!
Noch soll es gelingen!

Steig auf den Tisch!
Sei einmal nur laut!

Wage, was du dich
bisher nicht getraut!

Ein Leben lang lauwarm
ein Leben lang bang

Ein Lebtag im Grau
im Mittelmaßbann

Tanze, tanze!
Für dich ganz allein!

Lass das Leben obsiegen!
Alles andre lass sein

Alter Mann

Wie lang noch?
Und dann?

Dein Leben gelebt?
Oder doch nur vertagt?

Noch gehst du
Doch bald steht du

still

bald ist der Knochen
abgenagt

IV

Mein Gott, mein Gott

was hast du uns nur angetan?

All das Gute, all den Segen

Reich und heilig sind wir
stolz und groß

Lieber Gott, was ist nur los?

All das Gute, all den Segen

dürfen wir aus unserer
in die Hand des Nächsten legen

Vertrauen, alt, neu

Du weißt, mein Kind, dass ich dich liebe
Ich wiederhole, wenn du es vergisst:

Du weißt, mein Kind, dass ich dich liebe
Ich liebe dich, weil du es bist

Du weißt, mein Kind, dass ich dich liebe
Ich wiederhole, wenn du es vergisst:

Du weißt, mein Kind, dass ich dich liebe
Du weißt, dass es nie anders ist

So finster die Nacht

Herr, wie viel Glaube braucht es

um zur Nacht hin
darauf vertrauen zu dürfen

am nächsten Morgen
wieder zu erwachen?

Herr, wie viel Glaube braucht es

um am Morgen darauf zu vertrauen
den Tag zu bestehen?

Herr, es braucht so wenig

Lob der Hoffnungslosigkeit

All die Gottlosen

waren nie so hoffnungslos
dass sie hätten beten mögen

All die Gottlosen

waren nie so hoffnungsfroh
dass sie hätten beten mögen

Psalm 23, Variante

Hier sind meine Auen
hier weidet mich der Herr

Dem Himmel muss misstrauen
dem Herz und Seele leer

Und find ich aus mir nicht
heraus aus finst'rem Tal

Wasser, trüb und Becher, schlicht
sind mir wie Wein und Gral

Es brennt noch immer Licht
im Haus des guten Hirten

das sich im Auge bricht
des hoffnungslos Verirrten

Güte, Trost und Gnade
sind inneres Geleit

führ'n mich auf rechtem Pfade
hin zu Barmherzigkeit

Getreu stets seinem Namen
der mich von mir befreit

Die Anderen

Wir wissen nichts
Wir ahnen nur: Sie sind noch immer da

Sie sehen uns voll Güte an
und sind vertraut uns, nah

Sie sind der Grund, warum wir leben
sie schenkten uns einander ja

Sie sind der Dung, auf dem wir all' gedeihen
Sie sind uns Odem, eingehaucht

Den wir auch weitergeben
und später andren leihen

Wir sehen und wir sehn doch nicht
sehn eines Tages klar

Was früher sie war'n, sind jetzt wir
Und wir, das seid dann später ihr

Wir wissen nichts
Wir wissen nur: Sie sind noch immer da

Und das heißt:
Sie sind hier

Das sichere Leben

Wir sterben

Das ist so sicher
wie das Amen in der Kirche

So sicher wie
auf Blitz Donner folgt

auf Tag Nacht
Nacht auf Tag

Wer am Regen zweifelt
für den scheint nicht die Sonne

Wer leugnet, dass Wasser nass ist
den wärmt kein Feuer

Jahreszeiten lösen sich ab
wie die Rinde vom Baum

Eines Tages kündigt sich
der Haarausfall an

Das ist so sicher, wie deine Schönheit
mir den Tag rettet

todsicher

Wir wissen, wir glauben, wir zweifeln

Wir wissen
dass uns der sichere Tod erwartet

Am Tod besteht kein Zweifel
Nur am Leben bestehen Zweifel

Wir leben

Wir glauben an das Leben

als sei es so sicher
wie der Tod

Wandlung (Leib Christi)

Du, der du es nicht vermocht
dein altes Leben aufzugeben

Sieh, ich gebe dich dir neu

Ich, der Weinstock
ihr, die Reben

Vorbei, vorbei
die Zeit der Spreu

Pflanz mich erneut dir ein
Erkennst du dich in meinem Widerschein?

Entfache dich erneut an mir
Oh nimm dich an! Hab keine Scheu!

Vorbei, vorbei
die Zeit der Spreu

Jetzt ist die Zeit, die alles neu
und dich willkommen heißt

Dich wie ein neues Kind empor
dem mütterlichen Leib entreißt

Ich, der Weinstock
ihr, die Reben

Hab mich erneut dir hingegeben
Ich, der Weg, die Wahrheit

ich, das Leben

Grüner Zweig (Psalm 23, Variante II)

Der Herr ist mein Hirte
Reiß ich aus, fängt er mich ein

Nichts wird mir fehlen

Der Herr ist mein Hirte
und ich bin sein

Ist meine Seele trocken wie ein Wüstenbrunnen
schreit sie gleich einem Vogeljungen

Er tröstet sie, mein grüner Zweig
mit einem einz'gen Fingerzeig

Und aller Zweifel muss verstummen

Ist mein Glaube Täuschung nur?
Ist er Oase?

Die Antwort liegt auf seiner Hand

Woher wüsste mein Gaumen sonst
vom saftig grünen Grase?

Du bist der Herr, der Widersprüche eint
Du bist der Herr des Alls

Versinkt die Welt in Dunkelheit
entzündest du das Licht

und eine neue Sonne scheint

Heil wird dank ihm
der größte Schaden

Wasser, Nahrung
stehen bereit

/

Und auch du, mein alter Freund
bist zum Fest geladen

Die neuen Seligpreisungen

Selig, die den Alltag meistern,
denn dank ihnen besteht die Welt!

Selig, die im Diesseits unsichtbar bleiben,
denn ihr Name steht geschrieben im großen Buch des
Lebens!

Selig die heillos Hoffenden,
denn ohne Hoffnung kein Heil!

Selig die Tapferen,
denn sie bekommen ein Trostpflaster!

Selig, die meinen, sie wären nutzlos,
denn auf sie kommt es an!

Selig, die zu allem etwas zu sagen haben,
denn ihre Meinung zählt nicht!

Selig die Romantiker,
denn sie haben einander ganz doll lieb!

Selig die Kriegstreiber, Fanatiker und Populisten,
denn Gott wird sie mit seiner Liebe erdrücken!

Selig die Lebenden und die Toten,
denn ohne die einen nicht die anderen!

Selig die Halbtoten,
denn ihnen verdanken B-Movie-Fans viel!

Selig die Chaoten,
denn Ordnung muss sein, aber nicht immer!

Selig sind die, denen keine Liebe zuteilwird,
denn eines Tages, irgendwann …

Selig die Einsamen und Vergessenen,
denn auch für sie gibt es einen Platz im Massengrab!

Selig die Asozialen,
denn sie dürfen sich derbe ins Knie ficken!

Selig die feine Gesellschaft,
denn sie darf sich gepflegt ins Knie ficken!

Selig die Nichtsnutze und Herumtreiber,
aber bitte nicht vor meiner Haustür!

Selig, die warten auf Bus und Bahn,
denn sie stehen dumm da.

Selig, die selbst schuld sind,
denn sie sind einfach unfassbar dämlich!

Selig die Wurschtigen,
denn das muss sich dringend ändern!

Selig die Blöden und Bescheuerten,
denn sie können uns mal!

Selig, die uns mal können,
denn Ärsche müssen sauber sein!

Selig, die nichts können,
denn das ist ja auch schon mal was!

Selig, die kein Mathe können,
denn sie bekommen eine 4+!

Selig die Erfinder von Dingen, die niemand braucht,
denn es findet sich wirklich für alles Käufer!

Selig, die könnten, aber nicht wollen,
denn sie sollten und müssten!

Selig die äh ... Dingens,
denn sie ... ach, egal!

Selig, die nicht lesen und hören wollen,
denn wozu schreib ich das hier eigentlich?!

Selig, die ohne Emotionen sind,
denn in ihren Händen wird das Bier kalt!

Selig die Lügner und Literaten,
denn ein wenig Eskapismus ist was Schönes!

Selig die Königsmörder, Putschisten und Revolutionäre,
denn ohne sie wäre die Geschichte anders geschrieben
worden!

Selig die Ruhe in den Wäldern,
denn sie klingt in den Holzinstrumenten in den
Konzertsälen nach!

Selig die Holzfäller mit ihren lärmenden Sägen,
denn ihre Arbeit klingt ebenso in den Holzinstrumenten
in den Konzertsälen nach!

Selig die kreischenden Kinder,
denn irgendwann wird Mama böse!

Selig, die gut drauf sind,
denn: Yeah! Yeah! Yeah!

Selig, die uns nicht antworten,
denn das sagt ja schon alles!

Unselig, die antworten, ohne dass sie gefragt wurden,
denn wir hören ihnen gar nicht zu! Nein, Nein!

Selig, die nehmen ohne zu geben,
denn auch sie muss es geben!

Selig die Befehlsverweigerer,
denn so geht's ja nicht!

Selig die Selbstoptimierer und Pläne-Schmieder,
denn sie bringen Gott zum Lachen!

Selig die Sozialhilfeempfänger,
denn Dosenbier ist schon mal die halbe Miete!

Selig die ewigen Gewinner,
denn sie haben hier nichts verloren!

Selig die Kosmetikberater,
denn Gott, der HERR, hat bei seinem Abbild gewaltig
gepfuscht!

Selig die Huren,
denn sie werden vor Freude stöhnen, wenn der letzte
Mann befriedigt wurde!

Selig die Süchtigen,
denn life sucks!

Selig die Tierquäler,
denn die Vögel kommen!

Selig die Filmfreunde,
denn *Die Vögel* kommen!

Selig bzw. unselig die Unentschlossenen,
denn irgendwann werden sie sich vielleicht doch noch
entscheiden!

Unselig aber die US-amerikanisch-halbautomatischen
Handfeuerwaffenvollidioten, denn jede einzelne Kugel
kommt zurück!

Selig die Seligen,
denn sie haben die ganze Scheiße hinter sich!

Selig, die im Supermarkt Regale einräumen,
denn sie bekommen beim Einkauf Prozente!

Selig die Klofrauen und -männer,
denn ohne sie nur Gestank, Sudelei und Ekel!

Selig die Tankwarte,
keine Ahnung warum!

Selig die geniale, vergess'ne Idee!
Selig die tanzenden Kinder im Schnee!

Selig die Onanisten,
denn sie praktizieren Liebe um ihrer selbst willen!

Selig die Paranoiden,
denn Gott, der HERR, sieht alles und jeden!

Selig die KI,
denn sie hat mir befohlen, diesen Text zu schreiben!

Selig die Mütter und die Gärtner,
denn ihre Arbeit ist für die Ewigkeit geschaffen!

Selig der Lyriker,
der irgendwann diese Zeilen beendet!

Selig die Flaschensammler,
selig die Märtyrer,
selig all die anderen,
selig ich,
selig du,
Müllers Esel,
Müllers Kuh,

denn Gründe gibt es immer genug!

Beim Verlassen des Etablissements

Vielen Dank, das war Ihr Leben!
Empfehlen Sie uns weiter! Bewerten Sie uns hoch!

Äh! Moment mal! Könnte ich noch ...?

Tut uns leid, wir machen jetzt zu!
Nehmen Sie bitte aus der Tür Ihren Schuh!

Könnte ich vielleicht nicht doch nochmal
vom Anfang oder so ab der Mitte ...?

Was sie bekommen können, sind herzliche Tritte!

Aber draußen regnet's, es ist dunkel und kalt
und ... *Jäh die Türe knallt!*

Welch missliche Lage!

Und auf einmal stehst du neben mir:
Und? Wie war's? (Scheinheilige Frage)

Ja, ganz okay, glaub ich

Aber ach, die Bedienung war mitunter recht grob
Alles in allem so mittel. Doch hab ich auch Lob:

Der Ausblick war schön
Man konnte auf Wälder und Flüsse sehn

Die Musik war ... naja, die andern Gäste zu laut
Das Essen war essbar, hab's noch nicht verdaut

Irgendwann verschwand meine Begleitung
Ich glaub, das warst du

Ich bring dich jetzt an einen besseren Ort
Zieh aus deine Schuh

Ich bring frohe Kunde!
Im Himmel ist Fest!

Ach, sag ich, da bleib ich
doch lieber durchnässt

Äh, sag mal: Sind das Federn?
Da auf deinem Rücken?

Ja, schön, nicht? Die bekommst du jetzt auch!

Ich sag dir, da oben machen sie Kuchen – entzückend!
Wirf ab deine Last! Deine irdischen Krücken!

Du weißt, Kuchenfan war ich eigentlich nie
hab Allergie gegen Frommsein und Feder

Jaja, das sagt jeder!

Du redest vom Himmel

Dort, wo inmitten der Nacht
die Schönheit des Tages erwacht

Und sogar ein Stück vom Kuchen
hast du, mein Freund, mir mitgebracht

Den Himmel hab ich nie ersehnt

bin vom Leben schon bedient
hab's Beten immer abgelehnt

Wir reden und reden
Der Morgen erwacht

Unendlich behutsam
mit ewiger Macht

mit schmerzvoll erblühender
letztmaliger Pracht

Du, ich glaub, ich bin noch nicht soweit ...

Willkommen im Leben!
sagst du, fliegst leise davon

Ich niese und sage: Verzeihung! Pardon!
Und fang an zu schweben

V

Was es nicht ist I
(frei nach Erich Fried)

Es ist einmalig, sagt die Bewunderung
Es ist unwiederbringlich, sagt der Verlust
Es ist immer dasselbe, sagt die Wiederholung

Es ist doch so ..., beginnt die Rede
Es ist doch aber ganz anders, sagt der Einspruch
Es ist so und nicht anders, sagt die Bestimmtheit
Es ist nicht ganz klar, sagt die Unschärfe
Unter anderen Umständen wäre es anders, sagt der
Konjunktiv
Wie, äh, ist es denn jetzt, sagt wer?

Na? Wie ist das, sagt die Zärtlichkeit
Es ist schmerzhaft, sagt die Berührung
Es ist tief, sagt der Schmerz
Es ist endlos, sagt das Leid
Ach, es ist nichts, sagt die Beschwichtigung
Es ist vielleicht besser so, sagt die Mutlosigkeit
Es ist nicht zu ändern, sagt die Entscheidung
Na und, sagt die Gleichgültigkeit

Die Fehlbesetzung

Ich bin die Fehlbesetzung meines Lebens

Der Makel steht mir ins Gesicht geschrieben
Es kostet Mühe, aus dem Takt zu sein

Als alle los sind, stellte ich mir selbst ein Bein
und bin geblieben

Aus der Reihe stolpre, tanze, taumle ich
Ich spreche einen fremden Dialekt

Und manchmal, aber selten, glaub ich
ich verstehe mich

Der schöne Schein, der kann mich mal
Wär ich perfekt in Form gegossen

ich stünd hübsch eingereiht
und oben im Regal

Ich bin ein Elefant
ich liebe Porzellan

Ich bin die Fehlbesetzung meines Lebens
und erfreue mich daran

„In meines Vaters Haus sind viele Wohnungen."
Joh 14,2

Oder. Auch nicht

Ich steh auf dem Flur
Ich kann kaum noch stehn

Ich hätte nehmen können
dies Zimmer oder auch dies

Aus allen drang Licht
Aus allen schien's schön

Wärme, fließend Wasser
und aus den Fenstern:

Der Blick aufs Paradies

Angebot folgte auf Angebot
Mein Herz ist ein Chaot

Dein Blick war schön
Deine Hand war weich

Jedes Zimmer ein Versprechen
Jedes Zimmer ein Königreich

Hinein! Hinein! Hinein!

Doch das nächste, immer das *nächste* Zimmer
dacht ich, könnt immer noch schöner sein

Ich steh auf dem Flur. Es zieht
Ich höre das Ticken der inneren Uhr

Irgendwo steht ein Fenster offen
Der Flur ist mein Gebiet

Der lange, der leere
Der endlose Flur

Keine Entscheidung ist auch eine
Ich stehe. Mir zittern die Beine

Was es nicht ist II
(frei nach Erich Fried)

Es ist gefährlich, sagt das Fremde
Es ist falsch, sagt die Moral
Es ist reizvoll, sagt die Neugier
Es ist gar nicht so tief, raunt der Abgrund

Es ist lustig, sagt die Ironie
Nein, ist es nicht, sagt der Spielverderber
Sag ich doch, sagt die Ironie

Es ist nicht das, was es mal war, sagt die Entfremdung
Es ist ganz nett, sagt der Anspruch
Es ist so schön, sagt die Abscheu. So schön widerlich!

Es ist alles ein großer Bluff, ruft der Nihilist
(Doch niemand hört ihn, weil alles ein großer Bluff ist)

Es ist! Oh! Und wie es ist!, sagt die Wahrheit
Ach ja?, sagt der ewige Nörgler

Es ist unaussprechlich, sagt die Sprache

Innere Landkarte

Die Sterne starren starr
an uns vorbei

Der Regenbogen
ist entzaubert

Der göttliche Funke
erloschen, verglommen

Uns ward ein Kind versprochen
ein König dann genommen

Kein Schöpfer spricht ein: Sei!
Kein Schöpfer heilt und segnet

Wir wandeln seelenlos
und ohne Ziel

einander nie begegnet

Die Wiederbelebung der Poesie

Eine Seite vollgekritzelt
von einem Idioten wie mir

schwarz geärgert vor lauter Druck
Landkarte Seele: vermessen bis ins letzte Detail

Keine Fläche mehr da, die noch zu beschreiben
kein Raum, der noch auszukundschaften wäre

beschrieben selbst das Ungefähre

Wie soll man sich vor lauter Mond-und-Liebe-Lyrik
denn noch im Mondschein lieben?

Verklebter Vogel Freiheit
Öltankerlyrik, Umweltsau Poesie

Atme, Wort, atme!

Ich verschlucke mich am Unausgesprochenen

Seltsames Wort Wort
Wunde, aus der Sprache fließt

Poesie, schwarz vor Worten
herausgeschnittenes Herz, von Fliegen befallen

Wir reden, wir reden
wir lallen

Und noch ein, und noch ein ...
und dann kein Wort mehr verlieren

Reden, reden, fabulieren
aus Angst vor Stille, Schweigen

Ressource Sprache
endlich

Wir verbluten

wenn wir nicht
aufhören zu schreiben

Ein fremdelndes Kind

Nein! Geh weg! Was ist das hier?!
Die Welt! Oh, nein! Oh, nicht mit mir!

Warum nur ist mir, ach, so bang?

Der kurze Weg, der vor mir liegt
erscheint mir viel zu viel zu lang!

Woher der Frohsinn der Gestalten?

Ich bin nur Mensch, kann Mensch nur sein
und Mensch zu sein: Nicht auszuhalten!

Oh, wie ich Nabel, Wärme, Wasser misse!
Dafür nun Freudentränen, Sanftmut, Küsse

Was ist das? Hör ich meinen Namen?
Ich verlange Stellungnahmen!

Wozu der Jubel und Gesang?
Und warum, Mensch

lachst du mich an?

Ach, Tilman

Ach, Tilman
wär ich du

dann, ja, dann besänn ich mich
und ginge freundlich auf mich zu

Im Spiegel, da besäh ich mich
im Spiegel, ja, da säh ich dich

und spräch nur leis:
Nanu?

Und kämst du jemals
bei dir an

Und würd'st du auch
kein bisschen weiser

Nur deine, meine Zweifel
etwas leiser

Ach, Tilman
Ja, was wäre dann?

Was es nicht ist III
(frei nach Erich Fried)

Es ist möglich, sagt der Versuch
Es ist ganz leicht, sagt die Gunst des Moments
Es ist nicht schlimm, sagt das Scheitern
Es ist noch viel schlimmer, sagt die Hysterie
Es ist und ist nicht, sagt der Widerspruch
Das war's, sagt die vertane Chance

Es ist ... was dazwischen gekommen,
sagt atemlos die Entschuldigung

War was?, sagt die Verpeiltheit

Es ist hier, sagt die Allgegenwärtigkeit
So ist es, nickt die Zustimmung
Und unergründlich, flüstert die Mystik

Es ist gut, dass du bist, sage ich

Alle Worte dieser Welt

Alle Worte dieser Welt
haben nichts zu sagen

Alle Bilder dieser Welt
zeigen und bewundern sich

Alle Töne tönen nur

Und kein Wort
meint wirklich *Dich*

Alle Sterne: unerreichbar

Ein Komet fliegt aus der Spur
Ohne Ziel fällt er und fällt

Alles Gute wird verkehrt
Sinn wird täglich sinnentleert

für die Abfuhr an der Straße
hingeworfen, abgestellt

Zurückgelassen bleibt ein Kind
das wartet brav, macht kein Geschrei

und dazu dröhnt kaum vernehmbar
eine dumpfe Melodei

Und das Kind bewegt sich nicht
es sieht Dich an in stiller Ruh

Ein leises Flehen hat es im Blick
Und dies Kind, das bist wohl

Du

Alle Zeichen dieser Welt
sind nur Zeichen, sind Symbol

Sieh, wie sie einander gleichen
und von innen sind sie hohl

Und vom Himmel löst sich ein Komet
- löst sich ein wie ein Versprechen -

der uns, wie es Früchte tun
direkt vor die Füße fällt

Und der Schrein steht aufgebrochen:
Wer nur stahl das Herz der Welt?

Ich wälze Bücher um wie Steine
Geschichten werden neu geschrieben

Sag mir bitte:
Wie geht *Deine*?

Ich bin wie Du, ich fühl mich
sprachlos, auserzählt

Ich bin der, der stets nur fällt
Sei unbesorgt, ich bin es auch

Sieh!

Ich halte meine Hand Dir hin
Weil nur

Dein Wort mich hält

Die Scheiße, die sich Leben nennt

Zu schwer fürs Leben
zu leicht für Anker, Fundament

Und immer ist's das Gegenteil
das dir die Lust am Dasein hemmt

Zu müde, um ins Bett zu gehen
zu wissend, um was zu verstehen

Zu klug, zu gut, zu schön
zu einfach, zu verdorben

Wer weint um dich? Nur du
Ja, innerlich bist du schon längst gestorben

Zum Teufel auch! Zum letzten Mal!
Und wenn es wichtig ist, ist's auch egal

Wer freut sich, dass du einmal warst?
Du willst nicht weinen, doch du darfst

Zu nett, zu blöd, zu sehr, zu zu
Das Leben ist ein Trauerspiel

Doch statt *Oje* sagst du: *Juhu!*

tilmanrademacher.de